¿QUÉ CANCIÓN ESCUCHAMOS
MÁS AL FONDO?

© Luis Miguel Sanmartín
© Prólogo: José Iniesta
© Imagen de portada: Isidro Bueno
© Corrección ortotipográfica: Isabel Caballero
© de esta edición: Olé Libros, 2025

Director de la colección: Vicente Barberá Albalat

ISBN: 979-13-87620-52-3
Depósito legal: V-1283-2025
Impreso en España

KALOSINI, S. L.
Grupo editorial olélibros
equipo@olelibros.com
www.olelibros.com

¿QUÉ CANCIÓN ESCUCHAMOS MÁS AL FONDO?

Luis Miguel Sanmartín

COLECCIÓN NIGREDO

LUIS MIGUEL SANMARTÍN

Luis Miguel Sanmartín (Alicante, 1967) ha publicado seis libros de poesía: *...Y ahora somos tres* (2018), seleccionado por la Asociación de Editores de Poesía como uno de los doce libros recomendados ese año; *Trece* (2019); *Art Nouveau* (2019); *Impostor, antología (in)édita ilustrada y comentada* (2020), que ya va por la cuarta edición; *Frost (Escarcha)* (2021) y *En tiempos del suicida* (2022).

También ha sido incluido en las antologías *Piedra sobre piedra* (2021), *Poetas en el Puente de los Espejos* (2022), *La satisfacción del deber cumplido* (2023) y *20 Miradas en la Tertulia Página 72* (2024).

Sus poemas figuran en diversas revistas literarias, tanto en España como en el extranjero.

AGRADECIMIENTOS

A los que leerán este manojo de canciones y a los que
no; a aquellos que se han tomado la molestia de rega-
larme, en alguna ocasión, un libro (sobre todo a mis
padres, **Gregorio y Chari**, que tantos me compraron
de pequeño); a mi inabarcable y adorado hijo, **Nico-
lás**, por ser tan buen lector, gracias, cariño, por leerte
también los míos, aunque nunca me hayas comentado
nada sobre ellos; a mi preciosa novia, **Emilia**, por su
amor incondicional, inspiración en la literatura y en
la vida; a sus hijas, **Inés** y **Elisa**, tan bonitas, hermoso
caos que ordena; a **José Iniesta**, por tantas cosas que
se resumen en una: amistad; a su entrañable familia,
Teresa, Irene y Tomás, os abrazo; a **Vicente Barberá**,
por creer que mi poesía merece estar en esta colección;
a **Toni Alcolea**, por su infinita confianza; a **Loli Lara**,
por hacer que el proceso de edición se convierta en algo
verdaderamente humano; a **José Luis Vidal Carreras**,
Juan Ramón Torregrosa y **Francisco Cejudo**, por las
conversaciones imperecederas; a **Blas Muñoz Pizarro**,
maestro; a **Rafael Soler**, por su cercanía y atencio-
nes; a **Faustino Lobato, Antonio Castro, Santiago
Méndez, Fidel Perera** e **Isidro Bueno**, mis pacenses
amigos, por todo lo que ellos y yo sabemos; a **Javier**

5

Gilabert, **Fernando Jaén** y **Carmen Salas del Río**, la parte granadina de la historia; a **Ramón Andreu**, **Rosa Cuadrado**, **Cristina Sarrió**, **Rosa María Marcillas** y **Helena Vilella**, por estar desde el principio, por ser unos excelentes amigos y compañeros; a todos los que os habéis acercado con respeto a mi obra...

(Me dejo cosas, situaciones, personas... Disculpadme, sois un montón y mi memoria es menguante, mas todo tiene su poso en lo que late...).

A mis musas: la vida y las horas de estudio y escritura.

A la poesía, si existe.

PRÓLOGO
Prólogo al libro del amigo

I. Anhelo ser arado

En la casa no hay nadie, cantan los pájaros en el jardín. Hay mucha luz, cae del cielo y se derrama sobre los muros, las yedras y los árboles, sobre la tierra madre. Yo soy el hombre en el sillón que medita, el alma que sueña, el amigo que lee los versos del amigo y que se dispone a escribir, que está escribiendo estas palabras con el sol que le entregan, con la materia misma del canto que escuchó conmovido, en el silencio.   No sé dónde llegaré. En mis manos sostengo la piedra de una voz, el libro de un alma entre la niebla, versos únicos que releo y anoto a lápiz para poder arrancarme, para intentar expresar la ternura y la verdad que me ha hecho sentir esta escritura, esta *batalla lenta contra el miedo* que siempre fue la poesía.   Conmoción y arrebato en esta canción que sí podemos escuchar más al fondo. Murmullo de la vida musitado al oído, música remota para el corazón. En palabras de Luis Miguel Sanmartín, *bien sé que me contiene esta canción / que suena en la mirada / y vuela hacia el recuerdo.* No sabría definir qué es la poesía, mas sé que aquí la hallo y que es entrega siempre y oración, qué humilde viaje. Entrar en la casa abierta de este libro es ser testigos de una confesión, nos internamos en las tierras altas del desvalimiento y la ternura, en esa sed de amor que nos hace libres mientras nos arrastran, irremediablemente, las riadas de los años y los días. *La palabra es prodigio, prodigiosa su lluvia, / que relame la tierra y anhela ser arado.* La palabra, sí, anhela ser arado en la sequedad, abrir la tierra dura del dolor y lanzar al aire sus semillas para que sea posible la cosecha. El poeta sabe que la palabra es sagrada, que el verbo por amor se hace vuelo y es oración, que la vida entera cabe en una lágrima o en un abrazo bajo la luz del mundo. No es fácil para mí escribir sobre *¿Qué canción escuchamos más al fondo?*, me afecta. Su título es un verso de «Junto a la chimenea»,[1] un poema que le dediqué en mi libro *Llegar a casa*. Ahora mi amigo me devuelve la ofrenda y va más allá, me regala en su voz la voz de mis versos, la alianza y la alquimia viva de la palabra, el diálogo hermano de nuestras líricas

---

1 *A Luis Miguel Sánchez Martínez*   *Diciembre está cansado en el sillón, / y ya no sé mentir, / está nevando ahora / en un roble sin hojas y en mi cuerpo, / encima de mis manos y en mi rostro, / los páramos cubiertos por la nieve, / las cumbres y los años, mis caminos. // Mientras cae la nieve sobre el mundo, / ¿qué nos dice la noche junto al fuego, / qué canción escuchamos más al fondo / si afuera todo calla / su grito y plenitud? // ¿Qué misterio desvela / nuestra respiración / y el sueño indestructible de la carne?*

que conversan y se escuchan, que caminan juntas por distintos caminos y que bien se conocen.   El punto de partida de su poema «Junto a la chimenea» es crónica emocional del primer encuentro que tuvimos en mi casa, rememora la alianza, se proyecta desde el corazón a la memoria, al misterio de lo que somos, a la alegría de los encuentros, y a las largas conversaciones donde siempre supimos uno del otro sin juzgarnos. Sin duda, este poema de Luis Miguel Sanmartín es amistad y es el retrato de mi alma. Su mirada es honda y justa, comprensiva, y nace de la comunión al leer, con qué atención, mis libros. Un encuentro así es un milagro también, y es un acto de amor, así lo siento.   Su poesía no desea responder, solo busca constatar la belleza del mundo y sus demoliciones, las rosas deshojadas de lo perdido, nombrar con su cántico lo que alcanzó a ver la mirada del niño, la primera mirada. Al escribir, levantamos nuestros brazos al cielo, somos exclamación, creemos en la claridad y sentimos que es nuestra, otra vez, la inocencia y la ebriedad.   Este poeta parte del dolor para adueñarse de la luz y de la serenidad, canta porque su casa es del silencio, roza con la voz el árbol del misterio.   Y al escribir su mirada es limpia sobre las demoliciones. No tenemos nada más, no lo podemos tener: habitamos bajo el sol, es nuestro el oro de la palabra, el origen y el fin, el asombro del camino, la culpa y la alegría. Es mucho lo que nos da. No es nadie, y es todos, y en su pobreza reparte el pan de lo que tiene, las razones rotas de su piel y sus huesos.   Su pasado es presente, su cosecha es del amor, su nostalgia siempre se goza.   No sé. Todo esto he sentido en mi sillón al leer los versos del amigo; y en la más dulce batalla he constatado también, con qué fuerza dentro de mí, que el aliento del mundo es la palabra, la *claridad / en la rama más alta del granado.*

II. Y es así / como la vida / se eleva

Esta canción de amor / es un credo escondido / en los significados. En estos versos está definida la poética de Luis Miguel Sanmartín: el amor a la vida, la vocación de cantarla, el misterio del verbo capaz de nombrar lo oculto y lo sagrado, aquello que trasciende y nos acerca a los significados gracias al pensamiento y a la creación, gracias a las palabras que arden. Poesía como resistencia al sinsentido, como oración en soledad, como credo capaz de expresar la letanía del hombre abandonado por sus dioses. Desde el sentir al cántico, *allí, donde ha nacido otra mirada. Allí, donde ha nacido otra mirada,* en esa tierra salvaje e íntima, hacia la ignota lejanía, más lejos, para lanzar al aire dilemas y pesares, hacia los riscos donde la vida va de vuelo a su caer. La poética de *¿Qué canción escuchamos más al fondo?* no da respuestas, su autor no sabe nada, desaparece y se multiplica, recuerda y se proyecta, se diluye en los otros, no es. Aquí la palabra se asoma a los abismos y se recrea en la construcción de lo excelso y lo mundano, un templo abandonado con una luz apenas, una canción al

11

fondo. Y esa poesía edificada, este antiguo templo verdadero se levanta verso a verso con clamor, evoca los caminos en la noche, da sentido al caos del existir porque está en posesión del miedo y la ternura, nos regala su luz entre la niebla.   Nos basta con mirar afuera o dentro, qué más da, todo es lo mismo: el mundo y las entrañas nos develan el sentido.   El pasado aquí, en este libro, se hace presente, enciende por amor una vela en la oscuridad, podemos oír nuestra respiración.   Raíz y rama, y hoja y fruto a un tiempo, cada poema del libro abarca un todo para hacerse árbol, y en él cada árbol posee la conciencia del bosque y se hace bosque, entre el cielo y la tierra. *¿Qué canción escuchamos más al fondo?* es también un libro que nos habla y postula sobre la poesía, una defensa de la Poesía, ella misma un arcano, la palabra que duele y sangra y goza, materia misma de la hoguera de lo creado, rosa mística encontrada en la penumbra. Qué vértigo y cuánta hondura cuando leemos en los versos finales de libro:

¿Con qué sonido, piel, significado
iremos más allá, hasta el fulgor
que late en cada cosa y nunca vemos?

¿Qué seremos sin canto, ventanal,
chimenea, dormidos, ya esqueleto?
¿Qué seremos? ¿Qué somos? ¿Qué habrá sido?

Esto sí es poesía y significa, una creación rebelde para llegar más lejos de donde estamos, más lejos de la lejanía. Algo fulge en nuestra cueva al leerlo, y damos gracias.   Desde la vida misma a una vida más alta, estas canciones nos confían el diamante universal de su pasión, un balbuceo triste que conmueve, el soplo sagrado de la vida sobre el barro primordial que somos.   Versos que abren las ventanas, y que son capaces de rasgar los velos de la razón, de desvelarnos el sentido de la música. Nuestro poeta, ya ves, destila el daño, y en su rara alquimia sabe que *ese dolor de no saber qué ha sucedido / es la conciencia de tu voz; // esa fragilidad / que te hace transparente, / permeable ante el misterio; // ese fluir de todo, o de nada, / es el latir del canto. // Y es así / como la vida / se eleva.* La vida se eleva, sí, si es honda vida y si la vida fluye. Poesía que nos habla sobre el verbo y la carne, de qué modo. Poesía que clama y nos dice lo que no es poesía. Poesía adentro en las afueras. Razón de vida cerca de la muerte, y piedra secreta que lo sustenta todo y todo lo transforma, espíritu y corazón y pensamiento, el dolor y la dicha.   La palabra, así, nos redime y nos salva, y hace *que sea el fruto de lo pensado lo mismo/ que el propio pensamiento; // que sea la emoción, su ternura de nieve, / lo que ha sido expresado / en la sed de la página.* Creo en la poesía de este hombre, desde hace mucho, por su entrega a lo creado y por su honesta vocación, no debería pasar desapercibida, es una fuente sonora y clara para beber. Donde todo se diluye, sus poemas a pedazos se aúnan y edifican una torre de hambre y piedra que toca lo infinito, derriban las murallas. En este libro, *¿Qué canción escuchamos más al fondo?,* su escritura apuesta por la pureza, se detiene en las encrucijadas y escruta con compasión el mundo que le rodea y el mundo del pasado. Su voz es confesional, su respiración cada vez más honda. Su palabra se torna más esencial, su verso se desnuda para nombrar la belleza y la quietud del amor y sus derrumbes. *¡Qué amarga la belleza / disuelta en el dolor!*, canta este hombre. La poesía es música y tiempo y es un viaje en la noche, y un desierto bajo un cielo azul donde podemos clamar aquello que sentimos. Es una cumbre nevada donde sí somos libres y no podemos mentir, *allí, donde ha nacido otra mirada*. Nuestro poeta posee esa mirada distinta, aunque cierre los ojos. Y esa mirada niña se demora, descubre en sus selvas el puente de luz que existe entre la realidad y el deseo. Una yedra trepando por el muro hasta luz, el clic de un mechero al encenderse, la tristeza de la madre o la vejez del padre, una reja antigua o la conciencia de existir, la ansiedad o el dolor o el deseo, la algarabía de los pájaros al amanecer, el vuelo del hijo o el aire, todo nos inclina y nos encala a algo más profundo si la mirada es otra y se demora y el corazón se desnuda. Y allí, en ese lugar sin nadie donde florece una voz, nace la poesía, creemos en el verbo y se hace carne, es la sed misma del camino. *Desnuda la palabra, poeta; no rellenes / la luna con silencios, porque, entonces, / habrás distorsionado tu canción.* Entre las dos orillas pasan los ríos de la vida, atraviesan selvas y arenales, irremediablemente llegarán a su desembocadura. Solo tenemos presente si amamos o cantamos, eso dice esta voz apartada. La poesía de mi amigo, en soledad, nos empuja y salta, lanza su piedra al aire, rueda por la pendiente brusca de los días y los años, escala hacia la claridad, nos confiesa que con ella crece y se eleva y se conoce, se reconcilia. No tiene mucho más, es cierto, mas alcanza en la última noche esa luz que es siempre alma y misterio, destino y plenitud.

Es la luz en su avance la que origina el nombre.
Es la luz la que ha escrito este poema.

José Iniesta,
Oliva, enero 2025

Hoy, otra vez —aquí,
ni siquiera esperando, atentos sólo
a nada, al vago cielo
surcado por estelas invernales—,
esta respiración acompasada,
latido de los mundos, es la cumbre.

CÉSAR SIMÓN

Y sin moverse de este cuarto
ello está ahí,
ello, lo que no es,
lo que no existe,
lo que no es todo,
lo que no es nada;
lo que irradia en silencio
cuando enmudecen todas las canciones.

CÉSAR SIMÓN

JUNTO A LA CHIMENEA

I

Un hombre se ha sentado en un sillón,
junto a la chimenea, y recuerda al amigo
que le ofreció el abrazo, su casa, su poesía
aquella tarde limpia y sosegada.

El hombre está callado, reflexiona
sobre lo acontecido, el alma sueña;
le arranca una sonrisa un pensamiento
que alude a la bondad.

En la coreografía de la llama
encuentra las razones de la hoguera.

Cuando se ha propagado ese silencio,
escucha más al fondo una canción
que le habla de la vida.

II

A José Iniesta

Yo sé que los escudos son pizarras,
porque lo veo en ti,
clarión entre los muros derribados,
sonámbulo distinto, tan despierto.

Como el árbol, seduces al sol en las alturas
mientras fulgen las copas en otoño,
y el horizonte esboza, en sus lejanos lienzos,
instantes por soñar.

Prendes con el lenguaje la nieve de los siglos,
y aquel temblor del mimbre, que no sé si recuerdas,
es como un gorrión que se acurruca
sacudiéndose el frío.

Nos llaman
las leyes minerales de tu patio,
vivero de preguntas, el tiempo en su vaivén:

la sed desde el amor nos hace libres.

Las escamas del aire enmudecen silencios
al pasar por la voz
las vísceras más hondas,
aquellas que crecieron cobijándose
en la lumbre del canto.

Extraño entre los ídolos, desnudo en las riberas,
inmerso en lo esencial, en lo minúsculo,
descoses la retama del olivo
para que aloje el verso su costumbre,
su dorada verdad.

La palabra es prodigio, prodigiosa su lluvia,
que relame la tierra y anhela ser arado.

Rasguña el agua, surca su reposo,

antigua luz de estero,
que puede ser el pétalo en la isla,
el alba y el ocaso,
el viento con su aullido al ventanal.

Pero siempre cernida en nuestras manos,
en las manos untadas
de tinta o de rocío,
y en los ojos del mundo,
en el vientre que espera un nacimiento.

Lo sé, lo sé muy bien,
porque he visto tu casa,
y tu aljibe, y tu calle.

He visto los naranjos desde el coche
y sus flores de crema con olor a azahar.
He visto el humo lento
salir por los tejados
buscando aquellas nubes que decías.

He visto tantas nadas en tu todo,

tanto todo en tus nadas.

Y el limo, la hojarasca, el aguijón,
la turba del subsuelo
eran las comisuras de los enamorados.

Porque tú lo escribiste:

que es más densa la niebla
cuando el poema no se canta,

que es más cierta la oruga
si arrastra sigilosa la miel sobre los tallos.

Y en esa ida de lunas te nos vienes,

sin conocer más vuelta
que echarte un pensamiento.

Mortal como las cosas que se apagan,
amante de la bruma, eje de incandescencias.

Libador de la noche
y su pequeña claridad

en la rama más alta del granado.

LAS CUMBRES
Y LOS AÑOS

CANCIÓN ANTES DE HUIR

Escribo a los presentes.
Hay un dios escondido en los significados.

Fértil es lo contrario de infecundo:

mira la hiedra, por ejemplo,
cómo se bate contra las paredes,
cómo urde un escudo vegetal,

cómo pretende
tupir la luz,
ir apresándola
entre sus nervaduras y ramajes
con un afán subyugador.

Y lo que más me gusta
de su naturaleza son sus brotes,
duros como la escarcha,
su forma de cruzar la vista con las hojas
hasta alcanzar la cumbre del tejado,
donde anidan veletas.

Las plantas trepadoras son un férreo organismo,
simulan mansedumbre.

El único destello de su savia,
su culmen generoso, es reptar.
No tienen corazón; entumeciéndose,
son el silencio, el paso de los años;

una candela
a la que no le resta apenas llama.

Escribo a los presentes,   ya me voy.

Esta canción de amor
es un credo escondido
en los significados.

Fértil es lo contrario de infecundo.
Fértil es lo contrario de enredar.

Mientras tanto, resisto.

Mis días han querido
ser luminosos.

CONFESIÓN

Apenas leo ya poesía. Últimamente,
me sobrecoge su mudez, sus fuegos fatuos,
la pátina de musgo que humedece
su pretenciosidad.

Como si se tratase de cruzar
un cementerio lleno de lápidas ilustres,
al abrir la cancela he cerrado los ojos.

Querría entrar, pero algo me lo impide.
Temo desconocer lo que sucede.

Entre esas fosas cuesta más vivir.

Admito sus certezas,
prestancia en sus pigmentos desolados,
intriga en su cercano patetismo.

Pero en sus estructuras, en su idioma espectral,
sólo escucho la lluvia de algún muerto.

ABRE LOS OJOS

¿Tanto he cambiado? Porque yo a ti sí te reconozco.

ALEJANDRO AMENÁBAR, MATEO GIL

Al clarear,
una sombra le ha dicho: «ya has dormido bastante»;
no sabía ni a quién se estaba dirigiendo.

La luz de la alborada se parece
a un espectro de plomo, un ramo de ceniza
que busca emborronar
lo poco que ha entendido de las cosas:

el miedo es una forma de hallarse en el camino,
un destello perenne ante sus ojos.

«Tendré que levantarme», le susurra en la frente
su atávica conciencia,
caparazón molido por la edad.

Cuando sale a la calle
todavía conservan las figuras
algún resto de noche.

Por un momento piensa,
no se sabe muy bien si erróneamente,
que está dispuesto a ser
aquel que imaginaba de pequeño.

Se ha pasado la vida haciéndose preguntas
y no le ha merecido la pena. Algún tirano
sibilino se muere de ganas de enredar.

Mira una marquesina del autobús, le llama
la atención su estructura, su inerte solidez.
Le resulta una pieza de museo
que ha salido a mostrarse por su cuenta.
Ve en el cristal a un hombre casi idéntico
a sí mismo y lo escruta
con una exagerada meticulosidad.

«Crecer es doloroso. Envejecer
es la respuesta
que siempre
has estado buscando»,
le suelta así, a traición.

Lo mira con un gesto de ternura,
se sube las solapas del abrigo
y sigue caminando...

Ya no se reconoce.

EL CANTO, EL VUELO

Cantar no es forma alguna
de credo o sacerdocio.

No precisa de escenas o de púlpitos,
de dogmas imprecisos
impostando un fulgor inexistente,
de vacuas vestimentas
o autoridad terrena o celestial.

Cantar es suspenderse en la mirada:

observa esa libélula, la seda de sus alas,
tan complejas, tan simples,
cómo acarician el vacío
con un imperceptible parpadeo;
¿no notas cómo el viento
te arremolina el pulso,
ensancha tus pupilas,
te provoca un temblor?;
¿no te preguntas
por qué
deseas ser su vuelo,
en qué quietud nacieron las palabras
que puedan explicar
tu desnudez, la suya,
la del poema?

Y en tal orden se halla:

ese dolor de no saber qué ha sucedido
es la conciencia de tu voz;

esa fragilidad
que te hace transparente,
permeable ante el misterio;

ese fluir de todo, o de nada,
es el latir del canto.

Y es así
como la vida
se eleva.

ESTILOS COGNITIVOS

Pienso en mis límites,
límites que separan
el poema que hago
del que no puedo hacer,
el poema que escribo
del que nunca podré escribir.

ALFONSO COSTAFREDA

¿Cómo delimitar el orden del poema
si una maraña de hilos,
unos cables eléctricos,
centelleantes,
confinados en una caja oscura;
una montaña flácida,
una tiniebla
con la forma de un cuerpo,
el mío en este caso,
se enreda frágilmente, arma un crisol de nudos,
para alumbrar la idea?

¿No parece imposible,
después de analizar la maquinaria,
tan dúctil y asombrosa,
que sea el fruto de lo pensado lo mismo
que el propio pensamiento;

que sea la emoción, su ternura de nieve,
lo que ha sido expresado
en la sed de la página?

¿En qué instante del acto, casi místico,
perdemos el control,
hallamos nuestras trabas,
impedimos la sólida
traslación, la quimera
arde en la infinitud,
tea que el viento duda en extinguir?

¿En qué lugar ignoto se ha deshecho
la hechura inaccesible
de la poesía?

Razón del canto es el cerebro, el alma física
donde fulge el dolor de todo lo imperfecto.

EL AMOR ES DEL TIEMPO
(ANTE UN RELOJ DE SOL)

Hemos vencido, amor.

Nos saluda el silencio con su calma,
verbo donde el final se hace minúsculo,
fingida carantoña del zarpazo:

penumbra
donde la vida
nos acomoda.

Los laureles del tiempo
son frágil polvareda. Nuestros labios
no habrán tenido voz en esta inmensidad.

Ya va faltando poco.

No hubo bastante cielo
para estos delirantes que hemos sido.

¡Qué amarga la belleza
disuelta en el dolor!

Oigo desde la cama
que llueve, e imagino un manto de humedad
deshaciendo la angustia.

Había marcas de ella en el asfalto;

de ella, la derrota.

El agua escribe su último poema
sobre nuestras miradas.
Los cuerpos son contornos y relieves
de la ausencia, veneros sin la luz.

Vi pequeños montículos de barro en tus pupilas.

Una pared descalza
escucha el crepitar de su tejado.
Y aunque parezca un tallo, ebrio en su rama,
esa varilla quieta,
las horas que ha marcado el inclemente sol,
es un hierro que espera al rojo vivo
al que dieron el nombre de estilete.

Hoy, la sombra de un limbo solitario
señala el desenlace:
cada uno en su casa y Dios en la de todos.

Tan tarde descubrimos, amor, esta victoria.

CLIC

No es lo mismo encenderse un cigarrillo
con un determinado mechero que con otro
que imprima brusquedad a tal acción.

Prefiero los que no utilizan piedra.

Las piedras sólo sirven de tropiezo.

A mí,
que apuro los detalles, me pasa muchas veces:

si no me queda más remedio que prenderlo
con el que tengo a mano,
lo acepto, no me fijo, actúo y ya.

Pero, si de escoger se trata, considero
los matices, las formas,
el roce que imagino con mis yemas,
la llama contenida,
el engranaje justo,
el ademán preciso;

incluso la ilusión en la mirada.

Pues es la vida,
y en la vida sucede.

Toda atención es poca.

Como cuando escribimos un poema.

EL FRÍO

Recuerdo aquel *gin-tonic* que me tomé en tu casa;
era de Malabusca y Le Tribute.
Pasaba muy suave, con amargor perfecto;
el posgusto era a monte, a cítricos y a dientes de linsones.

Sentada en una esquina de la cama,
vestida de pudor, esperabas mis besos:

un rosario de sorbos me ayudó con la ropa.

Se hundían los botánicos sutiles,
acunaban mi boca
combinados con ásperas burbujas.

Todo me supo a ti.   Aún me sabe.

Hoy estoy en la mía y me he servido uno.
No tengo más quehaceres que olvidar.

Ya no estás a mi lado fumándote un Marlboro,
ni la ginebra es prémium, ni elegante la tónica.

Hoy me espera desnuda esta oquedad
envuelta con paredes,
y lo único que miro es mi presente:

el hielo deshaciéndose en la copa.

MIRAR EL MUNDO

Los ojos desgarraban la licra de tus medias
al paso de mis dedos.

Qué frágil es el mundo cuando sentimos sed.

Qué dulces las arenas si es mi boca el simún.

Qué canción en silencio la mirada.

Después, fueron las noches una hoguera.
He visto que en mis manos hay ceniza.

LAS CUMBRES Y LOS AÑOS

A Emilia Parra Medina

Se va parando el tiempo, o se desliza
imperceptiblemente,
como una brisa dulce que acomete mi espíritu;
me inquieta y a la vez me trae el sosiego.

Hay que amar de verdad y dejarse de cumbres.

Qué importa lo que fue, lo deseado.
He aquí lo que resiste: el aire y la memoria;
las hojas de los árboles, que entristecen otoños
y luego se arrebatan en abril.

Poco más y tus besos,
que convierto en palabras,
los años que busqué sin encontrarte,
y esa conciencia nuestra de ser juntos.

El alma hacia un destino
donde seguir amándote.

La vida es lo que vive, y luego eternidad.

No habremos sido noche, ni margen, ni caminos.
Sólo una sed gratísima de esperar y esperar.

Qué espacio contenido en el misterio,
qué vientre, qué blancura.
Qué paz la de la rosa en su vorágine,
qué filo o manantial liban mis dientes.

La vida es lo que sueña:

el canto de los pájaros,
que nunca comprendemos, es altura;
la escarcha serenando nuestros cuerpos,
un sismo de la luna en tu garganta,
la amapola en su fuego y mi respiración.

La vida es lo que queda por vivir,
otras cumbres más dignas y otros años;
la nada, que es más todo si arde el lecho,
y una sonrisa verde como el sol.

Recojamos los frutos, tan sabrosos, prohibidos.
Seamos luz hasta anegar el fondo.
La siega y el barbecho
han ido oxigenando nuestras vidas.

Se merecen la flor.

Hoy sé de la labranza,
de la raíz dormida en su escondite,
del mar que trae la nube y transforma en rocío.

Hoy hablo de penumbras, de contornos,
pues somos imperfectos,
de los muchos confines que olvidamos
hasta hacer del amor una tierra fecunda.

Nos queda poco tiempo
y ya va siendo hora
de empezar a entender la oscuridad.

Nos queda poco tiempo
y he de sembrarte el alba.

CRIATURAS LABORIOSAS

Yerma visión que la mañana aturde,
despierta en tu brasero,
que ya flamea en luz la gélida ventana,
y mira, aquellos pájaros que viste en el ocaso
volar hacia los árboles,
cómo madrugan,
parece que tuviesen que ir a trabajar.

Y tú
aún sigues acostado. ¿No te dan
envidia esas criaturas laboriosas,
no querrías saber
por qué se van, qué buscan, a dónde se dirigen,
qué silbo de su vuelo, qué incomprendida lucha
te pertenece a ti?

Ha ardido la esperanza en esas aves.

Ahora debes alzar tu cuerpo incandescente.

ESTA NOCHE TE ESCRIBO

A Rosario Martínez Villalba

Perdona que te escriba a estas horas,
ya sé que es algo tarde,
pero me apetecía decirte lo que siento.

Te pone un poco triste cuando escuchas
algunos comentarios de mi infancia.
Qué rápida es la culpa, ¿verdad, madre?
Pero no le eches cuentas, todo fue como pudo.

Maldita enfermedad la de los nervios,
los dos sabemos bien de lo que hablo.
Vencían los silencios casi siempre,
clamaba soledad esa derrota,
aunque estuvimos juntos.

Fue la lección que aprendes a hostia limpia,
la vida tiene eso, te acoraza;
si no te asfixia, te hace aún más fuerte.

También pasamos ratos divertidos,
diciéndonos chorradas, escuchando canciones
o viendo aquellas pelis por la tarde,
en las que interpretaban Clark Gable o Rock Hudson
papeles de galán:
qué buen color tenía el gris del blanco y negro.

Qué quieres que te diga, me sabe mal que sufras;
por esto, por aquello y lo demás.

Me muestro tan idiota tantas veces.
Pero no me hagas caso, soy un error andante.
Lo cierto es que te quiero.
Sí, te lo digo poco, no me resulta fácil,
mas creo que algo he ido mejorando.

Se me han hecho las dos de la mañana,
ya voy a ir despidiéndome.

He procurado ser claro y conciso,
dejarme de retóricas y gaitas,
que luego no me entiendes, te torturo,
si escribo como en esos poemas tan extraños.

No te preocupes, madre,
y borra, del pasado, lo que ya no te sirva.

Un beso, buenas noches, cuídate.

(Qué cómodo me ha sido por el WhatsApp.)

MI PADRE

A Gregorio Sánchez Granero

Mi padre está
a punto de cumplir
ochenta años.

Así de transparente,
tan cierta como él mismo la verdad.

Así, sin una sombra, me lo ha dicho.

Veníamos de ver a mi tía Maruja.
Ella ha alcanzado, casi, los noventa.
Los va llevando bien.

«Hijo, se nos está
acabando la vida».

Me lo ha soltado repentinamente,

mientras iba bajando la escalera,
de esa esperada forma que trae lo inesperado;

cercano a la palabra
que designa el dolor;

reprimiendo,
en la serenidad
de sus pasos seguros,
el llanto que pudiese interrumpir
la comunicación   (un suspiro al mirarme).

Cuando calla un valiente,
apenas se percibe un fulgor diminuto.

Qué luz descomunal
es el silencio de mi padre.

Ahora que eres tan sabio,
ahora que tanto puedes enseñarme,
me hablas del final:

de ese echarte de menos
que imagino en la nada,

ese andar desprendido del origen;

tus brazos en los míos al nacer;
la constancia del aire,
que lleva y trae sin escuchar,
con su astuta ignorancia;

el recuerdo de aquel
ochenta cumpleaños, la lección
magistral en la puerta de casa de la tía.

Dame un beso, papá,
por si me niegan la memoria.

Que nunca olvide
tus gestos inundándome de amor.

¿QUÉ NOS DICE LA NOCHE JUNTO AL FUEGO?

A VECES EL RECUERDO

De nada nos sirvió aquel incendio,
el eco sin los árboles,
las lenguas abrasadas.

La noche canta un salmo de penumbra.
Es un repique
de corazón girándose,
fruta carbonizada.

A la deriva, esteros sin trasluz,
vamos perdiendo el pulso.
Y caminan las olas su flameo,
su coral de la espuma, quebradizas,
sobre escondidas huellas.

(Bajo la luna,
un castillo de arena;
su blando asedio.)

¡Qué solos van mis dientes a la carne!

He cerrado los ojos.

Maldita oscuridad; hoy me recuerda
que otras miradas,
que otros fuegos, se habían
ido apagando.

LA SOLEDAD

Miro el sofá. Le está creciendo musgo.
Es triste como un pecio y solitario.
Le están saliendo canas.

Miro la inmensidad y es un océano
que abarca mi dolor.

Miro este cuarto en el que quedan fotos,
el aire que ventilan unas aspas borrosas,
las mantas del invierno, ahora mío;
mi cuerpo ya cansado...

Miro el sofá. De pronto, se me ha hecho
tan grande como el tiempo que me espera,

pues esta luz que ofrezco ingenuamente
ya no es de nadie;

sólo sabe brillar en el silencio.

DESPIDIÉNDONOS
DE LA YAYA

A Josefa Villalba Marín

Nos dijo adiós,
pues ya estaba marchándose.

Su coraza de seda
se había transformado en algo líquido
que no fuimos capaces de reconocer.

Perfumes de jazmines
cercaban su materia.
Palomas serenantes
brotaron de su piel.

Y con el mismo
sigilo de otras veces
se apagó su pequeña
voz.　　　　　Era ya de noche.

Nos miró su sonrisa
con los ojos cerrados,
y se sentó a escucharnos, como solía hacer.

Pero esta vez desde la eternidad.

NIÑO INTERIOR

Cuánto tiempo ha pasado.

Aún sigo de rodillas, junto al río
ficticio de la lluvia.

Me miro allí, sin dicha, soñador,
con las manitas quietas y arrugándose.

El fondo es un espejo y crecen olas
alrededor del campo.

La soledad de ayer se delimita
en el margen cansado de mi rostro.

¿Sabía él lo mucho
que lo iba a echar de menos?

¿Sabía él, sabía
alguien, lo que sucede cuando amas?

SIEMPRE ES OSCURA
UNA CAVIDAD

Aspiraba la noche
desde una cama, una, qué más da,
si amar es la quietud de un yacimiento.

Su cuerpo, entre la gruta filiforme,
se iba consolando hasta llegar
a sentirse completamente solo.

Entonces, sucedía la humedad:
las lágrimas, más lágrimas,
algún vano temblor,
la culpa con sus fauces victoriosas;

lo que no nace
se asemeja a los muertos.

El clima necesario para ser madrugada,
para darle cabida
a una espeleología
donde no halla el misterio
vislumbre de verdad.

Después, prendía el alba
su asustado quinqué,
y todo era inseguro.

«¿Y qué va a ser de mí
ahora que el recuerdo
se ha vuelto irrespirable?», se decía.

DERRUMBE

A Juan Pablo Zapater

Se fueron marchitando las cornisas,
los vanos, los dinteles, los aleros.
Ya nadie se acodaba en el alféizar
para ver los paisajes
que designaron un mañana.

¡Qué extraña lentitud es el silencio!

Y aquello tan ajado, ¿dónde está
ahora?, ¿bajo qué velos se oculta
la vida que tuvimos, la sed, la primavera,
el oro que sembraron nuestros padres?

¡Qué esplendor en las ruinas! Cuánto miedo
me da saber que ya voy descontando
momentos que afiancen mis paredes,

que busco cada noche
el camino más hondo
a mi demolición.

(SI NO ES DEL VUELO...,)

Como si de un único cuerpo se tratase,
rodando por el suelo, cuesta abajo,
carne que, sin conciencia,
laceran los caminos,
nos fuimos acercando hasta el dolor.

Y allá, en aquel sepulcro,
ante la luna, solos,
se despeñó la vida.

(...amar es del morir).

Gélida sombra
de la materia.

Ceniza al viento.

VAS POR LA VIDA

Cuando damos un paso, no sabemos
si hemos perdido
la posición
o si hemos conquistado incertidumbre.

Caminar es de ciegos:
no ver, sólo sentir
unas manos y otras,
unas huellas o más,
unos pocos volúmenes
que apenas nos ayudan
a invocar los misterios de la vida.

Pasar, pasar, pasar...

Y todo a tientas.

EL PRIMER PASEO DEL DÍA

La piel yace en la luz, pliega sus alas,
como un ave que escruta la vida, serenándose,
después de la labor.

¿Quién vuela sobre el agua? No es un río,
no es una nube lenta ni el silencio.
Tal vez se han desprendido los nombres, de mis ojos,
y el cielo se ha quedado sin su mayor victoria.

Todo es errante y todo permanece:
la hoja canta, bebe del jilguero;
la sal de las montañas se bate con la tierra;
mientras, galopa el viento su olor de llamas verdes.

¿Qué nata reverbera cuando acaba la noche,
y la sombra es letargo, y escucho la mañana?

Un nuevo día
es una posibilidad para el amor.

Un nuevo día
es una luz vibrante, tu mohín más dichoso.

¡Qué grácil existir en estas horas quietas!

Pareciera que es la felicidad
este paseo
donde percute el hombre la tierra humedecida,
que sonara en su voz un canto dulce,
una dicha lejana que regresa,
después de recordar
unos besos soñados.

NUESTRA RESPIRACIÓN

ANAEROBIO

No quiero que respires.

Si muestras servidumbre a la ambición,
que consista en tu anoxia.

Ha de ser propiedad del organismo
resistir y adaptarse.

Recuerda
aquello que decía tu psicólogo:

«empieza a contener tus pequeños placeres;
ellos no necesitan la aprobación de nadie».

Ya ves cuánto me esfuerzo en explicarte
que debes aprender a ser fugaz.

Ceniza ha visto el ojo en tu musculatura,
ceniza de los muertos,
y el húmero es un ave
que nunca alcanzará su vuelo máximo.

Tú sé obediente, tú no te resistas.

Encógete ante el aire
y déjalo pasar   (pasar de largo);
no hay modo de aceptar su inspiración.

Tampoco exhales todo lo sufrido.

En la labor del tiempo,
serás la misma carne en otra ausencia.

La vida
es lo más parecido
a la fermentación.

CRECER

Galope de miocardio,
hiperventilación,
alguna pincelada
ligera de cianosis sobre el rostro:

gana tu autorretrato en patetismo.

La muerte sobrevuela un pensamiento.

Psicodiagnóstico:
trastorno de ansiedad.

TAREA DE ULULÓFILOS

Deberían pensar qué hacer con el amor
y dejarse
de disecar lechuzas.

En esa angustia en la que se solazan
de forma tan ambigua
nada hallarán sino más desconsuelo.

A los hombres de las gafas redondas
no les tengo yo mucha simpatía;

su lentitud apesta a borato de sodio.

Esos macabros
tendrán que detener sus rituales.

No hacen otra cosa que venerar la muerte.

PERDER EL TIEMPO

Atrévete a dejar para mañana
lo que puedas hacer hoy, ahora mismo,
sin sentirte culpable.

Algo estarás tramando
que merezca la pena.

Tal vez ni tú lo sabes,
y adentro un hambre extraña,
una voz tan antigua como el mundo,
te hable desde los dientes,
conozca la estructura de las primeras células,
espere de ti aquello
que el resto nunca alcance a comprender.

El juez es uno mismo.

¿Qué podrían decirte los demás
si el gozo es la conciencia,
clara y distinta,
de ser esto que somos?

Hay una ética escondida
en el aplazamiento,
un rodeo de nadas que se buscan
para evitar
una derrota innecesaria.

Que nadie se equivoque,
no nos estamos defendiendo.
Es sólo la manera que el cobarde
tiene de respirar.

CUESTIONES
DE HERRERÍA

Un ciego se ha asomado a una ventana.

Mira una reja antigua atentamente.

Descubre un corazón, y se pregunta
qué habrá sido del fuego y de las manos,
del golpe del martillo y la destreza,
del cuero del mandil,
de aquel sudor tan limpio
que forjaron la noche
que ahora está contemplando.

¿En qué margen del mundo
se borrará del todo, para siempre,
la danza del robín, el aire y la pupila?

El tiempo se detiene mientras sigue.

Se parece el silencio a una farola
que destella su calma entre los árboles
y quiere ante el gorjeo del semáforo huir.

Errantes van los ojos,
es terco el desamparo,
hacia la fragua
donde chispea su derrota.

No es el misterio tanto
la muesca o la hendidura
como el lugar preciso donde se reproduce.

Tras retorcer la nada se da cuenta
de lo poco que sabe.

RELIGIÓN

Mi dios ya se ha olvidado
de mí. No me visita
tan a menudo.

Y yo no me planteo los azares del limbo
u otras cuestiones si alimentan
mi incredulidad.

No busco nervaduras, techumbres o milagros.

No encuentro por mi casa
aquellos catecismos de colores
que estudiaba tan sólo
para sacar un diez;

aquel hueco mensaje,
palabra que podría haber sido verdad.

Ahora,
pongo tanto interés en las cosas que miro:

mi campo de visión y esas sonrisas tuyas
que saben derretirme.

Ese sí que es un credo convincente,
una plegaria justa.

Rezar es admitir que todo ocurre,

que nada ocurre,

que el amor,
apenas nos rodea,
se hace inmortal.

TOMA DE CONCIENCIA

Se encoge el corazón si un vagabundo,
que ya ni pide, mira tiernamente,
o escucho a un político cualquiera
hablar sobre la guerra esta en Ucrania.

Que uno se hace viejo
lo siente en el dolor de los demás.

Te asolan unas alas miserables
que antes volaban alto. Desde allí
la pena es diminuta y enorme la ceguera.

Así huyeron los pájaros de mi sombra inquietante.

Vivir sin compasión es la parábola
invisible que traza el inmaduro.

Confieso tal error:

conforme va llegando
el tiempo, te das cuenta y caes al suelo.

Es la dicha lo que era migratorio.

VER EL CALOR

porque con sólo ver ya hiciste el pensamiento.

ANTONIO MORENO

Lame la sombra
difusa
del calor irradiado
el cajón de un pequeño sifonier.

Ha aparecido un algo diferente,
un algo físico,
sensato a la vez que embaucador.

Lo sé porque el reflejo lo descubre:

el vaho silencioso de una estufa
desiste de su invisibilidad.

El destello apagándose en la tarde
atraviesa el cristal de la ventana
y hace de lo caliente una forma chinesca.

Es la luz en su avance la que origina el nombre.

Es la luz la que ha escrito este poema.

HISTORIAS DE DELFINES

A Nicolás Sánchez Diez

Para criaturas pequeñas como nosotros
la inmensidad es soportable solo a través del amor.
CARL SAGAN

Ya sabes respirar.

Ya es hora de iniciar tus arquerías.

La acuadinámica
ha querido agraciarte
con una piel muy fina
y una feraz musculatura.

Aunque no hayas nacido para el vuelo,
saltar te hará la vida navegable.
Y, por si fuera poco, nunca olvides
mirarte con orgullo el espiráculo.

Te has hecho tan mayor;
inmenso como el mar de tu linaje,
que hace sedienta al alma, ¿lo has notado?

Pórtate bien. Que el odio te resbale.

Lo llevas todo, hijo. Ahora, ama.

PALABRA SI ANOCHECE

La soledad me dicta letras anochecidas
y las horas se duermen en el pulso del tiempo.
ELOY SÁNCHEZ ROSILLO

Desnuda la palabra, poeta; no rellenes
la luna con silencios, porque, entonces,
habrás distorsionado tu canción.

Desnuda la palabra y sé en el aire.

Que muestren los acentos la dicha y el dolor:

el verbo, sin piedad;
mi alma sin piedad;
irisas las mañanas, sin piedad;
los labios, nuestros labios, sin piedad;
inexorablemente, vuela, ven
al amor, sin piedad.

¿TÚ QUÉ ESPERAS DE MÍ, ALBICIE MUDA?

Te miro, me embeleso,
escucho tu canción y, acto seguido,
comienzo a ser polilla de tu ropa,
baúl superviviente de ruinas,
escudo nobiliario.

ANÓNIMO

Ya se oye ese barrunto despiadado.
¿Por qué me buscará?
Sus pasos poderosos hollando están mi espíritu.
Es la materia informe, es como un monstruo
que trata de salir y acobardar.

Enfrentarse al poema
es tan hermoso como duro.

Asusta la belleza
porque nos descompone.

Nos convierte en extraños de nosotros.

Nosotros,
que somos, de la vida,
las manos
y la respiración.

Nosotros,
que al escribir sentimos el aliento del mundo,
y en cada verso
alguien nos estrangula.

81

PASEO GADEA

Contemplo en esta tarde un equilibrio
de pájaros y arenas que acarician
las sombras de unos árboles. Sosiega
hallarme aquí, sentirme más adentro,
en la quietud que sólo rompe el aire,
y deja algún murmullo del ayer.

Qué leves son las voces, chismorrean;
el trino reverbera; la rama, a su cimbreo;
¿quién es el solitario que deshace
la luz de esa sangría del hibisco en sus ojos?

Bien sé que me contiene esta canción
que suena en la mirada
y vuela hacia el recuerdo.

Hay tardes que tan sólo
se escuchan una vez.

MONKEY 47 CON
SANPELLEGRINO (ADAGIO)

Al fin, rendida entre mis suaves brazos,
me has concedido el don de tus deseos,
¡oh virgen maternal, extraño sueño
que conturba al poeta!

JUAN GIL-ALBERT

Tiene que ser como volar;

lo he visto en el poema ese que dice
«Al fin, rendida entre mis suaves brazos...»:

el mundo, tu mirada, los *gin-tonics*,

la Quinta Sinfonía de Carl Nielsen
(tres flautas, dos oboes, un fagot...).

No hemos cenado mucho,
mañana voy de tardes,
el mar es un relato desde aquí.

No dan nada en la tele, ¿ponemos algo luego?,
tiene reflejos cian este vermú.

Los sueños continúan su camino...

La vida
tiene que ser como volar.

MIENTRAS CAE LA NIEVE SOBRE EL MUNDO

I

A Vicente Barberá Albalat

Tiene que ser como volar, el *Mundo*,
me he dicho esta mañana ante el espejo.
Como una brizna leve que planea
llevada por el viento, libre y sola.

Con esa sencillez todo su credo,
con ese flamear la luz, constante,
su llama diminuta, hasta ascender
la vida a los misterios, a sus cumbres.

El vuelo es despegar en abundancia,
abrir en los esteros una senda
que cruce el firmamento, y serenarnos.

El canto, más adentro, donde ocultan
los fuegos del ocaso su pureza.
Allí, donde ha nacido otra mirada.

II

La piedra llama al signo y nace el habla.
Los días van pasando. Fluye el río.
La prole se abastece en el combate;
una batalla lenta contra el miedo.

Cuanto más sabe el nombre, más aperos,
más animales, plantas, actos sólidos
alumbran las ideas, más verdad
logra el conocimiento; más virtud.

El sol también reluce de otra forma.
La luna no parece un enemigo.
Si estás, fragilidad, te han descubierto.

La piedra ya ha intuido su misión:
hablar con los humanos, provocarles
la comprensión del *Mundo* y de la dicha.

III

Llegados al lenguaje, el alma, inquieta,
asombrada de sí, lábil fragancia,
sumida en el sigilo de la luz,
acude al intelecto, voz que sueña.

Cuerpo en desasosiego y esperanza,
infiltrado en el eco, codiciado
por albas partituras; qué mudez
venera esta simpleza de aleteo.

Coral que bate el *Mundo* con su canto,
arde la noche en una hoguera oscura,
garza de cisco o su temblor magenta.

Ya vienes, sinfonía de la luna,
ya escucho el aguacero en el cristal;
un verso chapotea sobre el limo.

IV

Si yo supiera ser una serpiente,
mudar el cinturón y los zapatos,
y así arrastrar el aire por el suelo,
y así dejarme un poco de este *Mundo*.

Persigo con afán zigzagueante
la perfección del nombre, en carne viva,
mas duele esta amplitud tan invisible,
esta coraza o víscera que ciega.

Tendría que dejarme la escritura;
ella a mí, y arrojarme en algún charco,
ser pasto de sus ondas, nada más.

Sembrar de luz la estela humedecida,
mi ropa virginal en turbio lodo,
del hombre que soñó con las canciones.

V

Oigo una voz atormentada, un eco
que viene desde antiguo, densa y firme.
Es tan incomprensible que me abate.
Querrá mi desconcierto, como siempre.

¿Qué sabes tú de mí si no has vivido
mi sed, mis desconsuelos? Ni siquiera
crees en lo que predicas. Ni tu urdimbre
de cúspides traerá mi ingravidez.

Soy un abrirme al *Mundo*, a sus orillas
lucientes de agua fresca y poderosa,
capaces de anegar y remansarse.

Soy raíz y soy fruto, amor y lecho,
fondura en superficie ilusionada,
respiración y senda al despertar.

VI

Mira esa infinitud del ventanal.
En tu pupila se concentra el *Mundo*.
Ahora sólo existe lo que ves,
no te hace falta más, y así lo cantas.

La vida en un cristal: ¿no te parece
excelsa esta serena concreción?
Quiero encontrar aquí, desde esta silla,
la respuesta de todo; ser quimera.

Y, en resumidas cuentas, me conformo.
Ni doy ni pido, así me es suficiente:
tener en la memoria este paisaje.

Poder entretenerlo con mi risa,
cansarlo de viajar, dormirlo luego.
Lo llevarán mis pasos a la tierra.

VII

Tu cuerpo es un sismógrafo. Yo tiemblo
cuando te tengo cerca. Y me lo notas:
cómo acelera el pulso el corazón,
cómo me voy poniendo más nervioso.

Ya ves lo previsible que me muestro.
Afuera todo calla, el *Mundo* corre
en busca de otro hogar. No pertenecen
a estos escalofríos sus diatribas.

La ropa va vistiendo las baldosas.
Se marca en la respuesta de tu piel
un siete coma cinco, por lo menos.

Cómo no va a temblar este silencio,
la atmósfera discreta de tu cuarto.
Te has acercado y ya no sé mentir.

VIII

Antes de irme a dormir salgo al zaguán,
me siento en la escalera y miro un rato,
a través de la reja, mientras fumo,
el cerco que la exigua luz permite.

No hay claridad en estas bocanadas,
sinónimo de mí tanta incerteza,
alumbre en mis pupilas unos árboles,
una farola, algún coche que pasa.

Me digo: niebla, humo, nata oscura,
y más allá del *Mundo* me responde
mi desconocimiento soñador.

Lo último que otean es el cielo,
mis ojos ya cansados, cada día,
envuelto en la penumbra de la noche.

IX

¿Qué canción escuchamos más al fondo?
¿Qué luz hay más al fondo, con qué sombras?
¿Qué ausencias nos abaten más al fondo?
¿Qué amor no prenderemos al final?

¡Qué lunas invisibles la memoria!
¿Por qué cantar, qué alegra el corazón?
¡Qué desmesura el *Mundo* y esta vida!
¿Qué pensamos de todo al empezar?

¿Con qué sonido, piel, significado
iremos más allá, hasta el fulgor
que late en cada cosa y nunca vemos?

¿Qué seremos sin canto, ventanal,
chimenea, dormidos, ya esqueleto?
¿Qué seremos? ¿Qué somos? ¿Qué habrá sido?

Escucho mi respiración,
la voz que entrego a todo
y me es devuelta
como si ya no fuera mía.

ANTONIO CABRERA

He venido hasta aquí para escucharme
y todo lo que alienta o es presente
me ha hecho enmudecer para decirse.

ANTONIO CABRERA

ÍNDICE

TÍTULOS DE LA COLECCIÓN